W0355523

Wege finden

Ethik in der Grundschule

4. Jahrgangsstufe

Autorenteam:
Evelyn Dienwiebel
Daniela Hertel
Sibylle Schönwald
Petra Steiniger-Bibic

Beratung:
Sabine Neugebauer
Katrin Träger

Ernst Klett Verlag
Stuttgart • Leipzig

Jungen und Mädchen

Der Sperling und die Schulhof-Kinder

Ein Sperling, der von ungefähr
Zu einem Schulhof kam,
Erstaunte über das, was er
Auf diesem Hof vernahm.

Ein Mädchen sprach zu Meiers Franz:
„Du alter Esel du!"
Da sprach der Franz: „Du dumme Gans
Bist eine blöde Kuh!"

Der Walter sprach zum dicken Klaus:
„Mach Platz, du fetter Ochs!"
Da rief der Klaus: „Du fade Laus,
Pass auf, dass ich nicht box!"

Zum Peter sprach Beate nun:
„Du Affe, geh hier weg!"
Da rief der Peter: „Dummes Huhn,
Ich weiche nicht vom Fleck!"

Der Sperling meint, er hör nicht recht.
Es tönte allenthalb:
„Du Schaf! Du Floh! Du blöder Hecht!
Du Hund! Du Schwein! Du Kalb!"

Der kleine Sperling staunte sehr.
Er sprach: „Es schien mir so,
Als ob ich auf dem Schulhof wär;
Doch bin ich wohl im Zoo!"

James Krüss

1. Habt ihr schon Ähnliches erlebt? Wie habt ihr euch dabei gefühlt?

Die Sprache von Jungen und Mädchen

Jungen und Mädchen scheinen manchmal nicht dieselbe Sprache zu sprechen. Zwischen ihnen kann es zu Missverständnissen kommen.

2. Findet euch in einer Jungen- und einer Mädchengruppe zusammen. Schreibt jeweils zwei Listen: Auf der einen Liste sammelt ihr *sechs Schimpfwörter* und auf der anderen *sechs Kosewörter*.

3. Vergleicht die Listen in eurer Klasse. Diese Punkte helfen euch dabei:
   - Kennt ihr alle Wörter und ihre Bedeutung?
   - Welche Wörter benutzen meistens Mädchen, welche Wörter benutzen meistens Jungen?
   - Welche Wörter hören Mädchen und Jungen gern?
   - Durch welche Wörter fühlen sich Mädchen und durch welche fühlen sich Jungen verletzt?

4. Was müsst ihr alle beachten, damit ihr euch nicht mehr mit solchen Wörtern verletzt?

Thema im Lehrplan: Sich positionieren zur Befindlichkeit als Mädchen/Junge (Interessen, Rollenverhalten, Gleichstellung)
Lehrerhandbuch → Kapitel 1

5 Welche Wörter und Ausdrücke magst und benutzt du gerne?
Denke zum Beispiel an Schriftsteller, Dichter, Romanhelden, Schauspieler, Sänger … , deren Wörter und Ausdrücke du magst und auch selbst gerne verwendest.
Schreibe diese Wörter in die Schriftrolle.

Verhalten von Jungen und Mädchen

Richtige Jungen dürfen laut
und schmutzig sein –
Richtige Mädchen jedoch
reinlich, schick und fein –

Jungen spielen Fußball ganz wild.
Mädchen sind immer brav und mild.

6 Tauscht eure Meinungen zu den Reimen aus. Erfindet selbst einen Reim und schreibt ihn auf.

7 Stell dir vor, du findest einen wunderschönen Stein. Du hebst ihn auf und drehst ihn in der Hand. Plötzlich bist du kein Mädchen mehr, sondern ein Junge (oder umgekehrt).
Was ist jetzt anders als vorher?

8 Stellen Eltern oder Lehrer unterschiedliche Erwartungen an Mädchen oder Jungen?
Wenn ja, welche?

Meine Wünsche

1 Was ist ein Wunsch? Diese Schritte helfen euch, dem „Wunsch“ auf die Spur zu kommen:

1. Macht eine Blitzlichtrunde zum Begriff *Wunsch*.
2. Schreibt eure Ideen in Stichworten auf kleine Zettel.
3. Ordnet eure Ideen in Form einer Mindmap.
4. Stellt eure Mindmap den anderen Kindern vor.

2 Schreibe Wörter auf, die zum Wortfeld Wunsch gehören. *Beispiele*: wünschen, Geburtstag ...

Verschiedene Wünsche

Der griechische Philosoph Epikur (341–270 v. Chr.) unterschied drei Arten von Wünschen:

- Natürliche und notwendige Wünsche
- Natürliche und nicht notwendige Wünsche
- Nicht natürliche und nicht notwendige Wünsche

3 Was glaubst du: Was sind natürliche und notwendige Wünsche? Begründe deine Auswahl.

____

____

4 Finde Beispiele für die anderen Wünsche bei Epikur heraus.

Mögliche Lösungen findest du unten auf dieser Seite.

5 Sammle in einer Tabelle verschiedene Wünsche (von Mitschülern, Lehrern, Eltern, Freunden ...).

Man kann Wünsche auch nach Dingen stofflicher (materieller) oder geistiger (immaterieller) Art ordnen. Ein *materieller Wunsch* ist zum Beispiel das Verlangen nach Spielzeug oder Taschengeld. Ein *immaterieller Wunsch* kann die Sehnsucht nach Liebe und Zuneigung sein.

Meistens ist es so:
Einen immateriellen Wunsch kann man nicht anfassen.
Einen materiellen Wunsch kann man anfassen.

Essen, Computerspiel, Trinken, Schokolade, DVD, Kleidung, Schmuck

Thema im Lehrplan: Eigene Wünsche beurteilen (begriffliches Arbeiten, Erfüllbarkeit von Wünschen)
Lehrerhandbuch → Kapitel 1

Wunschblumen

6 Fülle die Blumen mit deinen persönlichen Wünschen. Du kannst auch noch Blumen dazumalen und eine Wunschblumenwiese daraus werden lassen.

7 Male in deiner Wunschblumenwiese alle materiellen Wünsche blau und alle immateriellen Wünsche rot an.

8 Welche deiner Wünsche sind mit Geld erfüllbar?

9 Hast du auch einen Wunsch, von dem du glaubst, dass er unerfüllbar ist? Schreibe ihn auf und begründe.

Thema im Lehrplan: Eigene Wünsche beurteilen (begriffliches Arbeiten, Erfüllbarkeit von Wünschen)
Lehrerhandbuch → Kapitel 1

Meine Träume

Mein Traum ist ganz leise

Ich möchte gern eine Katze.
Aber das geht nicht.
Die Mutter sagt:
Katzen und Hunde sind
in unserer Wohnung nicht erlaubt.
Der Hausbesitzer hat es verboten.
Manchmal, im Bett,
träume ich von meiner Katze.

Sie heißt Susi,
hat helle, braune Haare
und lustige weiße Flecken,
einen mitten auf der Nase.
Mein Traum ist ganz leise,
der Hausbesitzer kann
ihn nicht hören,
ihn nicht verbieten.

Josef Osterwalder

1 Habt ihr auch einen Wunschtraum?
Überlegt gemeinsam, was ihr zur Erfüllung eurer Träume tun könntet.

Sprichwörter und Sprüche

Viele Menschen sind der Meinung, dass Träume wichtig für unsere Welt und unsere Zukunft sind. Manche Menschen haben ihre Gedanken in kurzen Sprüchen beschrieben, die man sich gut merken kann. Hier sind einige Beispiele:

„Nicht die Nüchternen verändern die Welt, sondern die Träumer."
Sprichwort

„Wer am Tag träumt, wird sich vieler Dinge bewusst, die dem entgehen, der nur nachts träumt."
Edgar Allan Poe (1809–1849)

„Fantasie ist alles. Sie ist die Vorschau auf kommende Ereignisse des Lebens."
Albert Einstein (1879–1955)

2 Suche dir einen Spruch aus und versuche, ihn zu erklären.
Stell deine Gedanken den anderen Kindern vor.

Zukunftsträume für mich

Der dänische Philosoph und Schriftsteller Sören Kierkegaard (1813–1855) sagte einmal:
„Erinnere dich an die Vergangenheit, träume von der Zukunft, aber lebe heute!“

Der Schwede Ingvar Kamprad (geboren 1926), Gründer eines schwedischen Möbelhauses, sagte einmal:
„Das meiste ist noch nicht getan, wunderbare Zukunft!“

3 Denke über die Inhalte dieser Aussprüche nach. Was bedeuten sie deiner Meinung nach?

4 Du hast sicher auch Zukunftsträume für dein Leben. Schreibe einige Träume hier auf.

____

____

____

Zukunftsträume für andere

Der deutsche Arzt Albert Schweitzer (1875–1965) träumte schon als junger Mann davon, armen Menschen in Afrika zu helfen. Später schaffte er es, seinen Traum zu verwirklichen und baute ein Urwaldkrankenhaus in Lambarene in Gabun. Gabun ist ein Land in Zentralafrika.

Der amerikanische Pastor Martin Luther King junior (1929–1968) kämpfte sein Leben lang gegen die Unterdrückung von Menschen mit einer dunklen Hautfarbe. Er wendete dabei aber keine Gewalt an, denn das fand er nicht richtig. Stattdessen hielt er viele Reden, um die Menschen zu überzeugen. In einer berühmten Rede teilte er allen Menschen seinen großen Traum mit:
„Ich habe einen Traum, dass meine vier kleinen Kinder eines Tages in einer Nation leben werden, in der man sie nicht nach ihrer Hautfarbe, sondern nach ihrem Charakter beurteilen wird.“

5 Schreibe auf, welche Träume du für das Leben von Menschen, Tieren oder Pflanzen hast. Was nimmst du dir vor, um diese Zukunftsträume wahr werden zu lassen?

Entscheidungen treffen

In deinem Leben musst du immer wieder Entscheidungen treffen.
Schon am Morgen, wenn du aufwachst, entscheidest du: „Jetzt stehe ich auf!"
Manchmal fällt es schwer, Entscheidungen zu treffen.

Buridans Esel

In einem sonnig warmen Land lief einmal ein Esel allein durch karges Wüstengebiet. Weit und breit fand er keine Nahrung. Von Hunger getrieben trottete er immer weiter. Schließlich kam er an eine Stelle, an der er zwei Heuhaufen entdeckte. Er blieb genau in der Mitte zwischen den beiden gleich großen Haufen stehen.
Nun begann er zu grübeln. Er schaute rechts. Er schaute links.
Er überlegte: „Nehme ich den rechten? Oder laufe ich zum linken?"
So dachte er ewig hin und her. Darüber verging die Zeit.
Seine Schwäche wurde so groß, dass er schließlich erschöpft zu Boden sank.

Nach einem Gleichnis von Johannes Buridan

1 Tauscht eure Gedanken zu der Geschichte aus.

2 Warum fällt dem Esel die Entscheidung schwer?

____

____

3 Was hätte ihm die Wahl vielleicht leichter gemacht?

____

____

4 Wie hättest du anstelle des Esels gehandelt? Tauscht eure Meinungen aus.

5 Hattest du auch schon einmal die „Qual der Wahl"? Warum fiel dir die Entscheidung schwer? Hast du jemanden um Rat gefragt? Bist du mit deiner Entscheidung noch zufrieden? Schreibe deine Gedanken auf.

Thema im Lehrplan: Notwendigkeit von Entscheidungen (Unsicherheit, Einflüsse, Konsequenzen, Verantwortung)
Lehrerhandbuch → Kapitel 1

Unser Gewissen

1 Füge die Sprüche durch Verbindungslinien wieder zusammen.

„Das Gewissen ist der einzige Spiegel, ○

„Ein gutes Gewissen ○

„Das Gewissen ist ○

○ eine kleine Trommel.“
Sprichwort aus Sumatra

○ ist ein fortwährendes Fest.“
Unbekannter Autor

○ der weder betrügt noch schmeichelt.“
Königin Christina von Schweden (1626–1689)

2 Was ist das Gewissen für dich?

____

____

____

3 Klärt die Bedeutung der Sprüche.

„Bei schlechtem Gewissen fürchtet man sich auch vor einem rauschenden Blatt.“

Martin Luther

„Ein gutes Gewissen ist ein sanftes Ruhekissen.“

Sprichwort

4 Wann hattest du schon einmal ein gutes Gewissen, wann ein schlechtes Gewissen? Schreibe Beispiele auf.

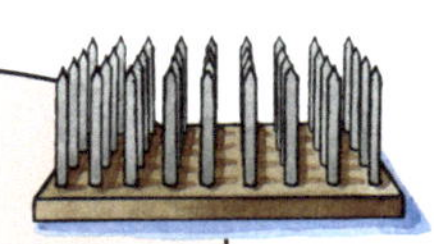

gutes Gewissen	schlechtes Gewissen
______________	______________
______________	______________
______________	______________

5 Stell dir vor, der Mensch hätte kein Gewissen. Was wären die Folgen? Braucht der Mensch ein Gewissen?

Glück

Das Hemd des Glücklichen

Ein König war krank und sagte: „Die Hälfte des Reiches gebe ich dem, der mich gesund macht." Da versammelten sich alle Weisen und überlegten, wie man den König gesund machen könne. Doch keiner wusste wie. Nur einer der Weisen sagte, dass es möglich sei, den Herrscher zu heilen. Er meinte: „Man muss einen glücklichen Menschen ausfindig machen, diesem das Hemd ausziehen und es dem König anziehen. Dann wird der König gesund." Und der König ließ verkünden, dass man in seinem weiten Reich einen glücklichen Menschen suche.

Aber die Beauftragten fuhren lange im ganzen Reich umher und konnten keinen Glücklichen finden. Nicht einen gab es, der zufrieden war.
Wer reich war, war krank; wer gesund war, war arm; wer gesund und reich war, der hatte ein böses Weib und bei diesem und jenem stimmte es mit den Kindern nicht. Über irgendetwas beklagten sich alle.

Aber einmal ging der Sohn des Königs spätabends an einer armseligen Hütte vorbei und hörte jemanden sagen: „Gottlob, zu tun gab es heute wieder genug, satt bin ich auch und lege mich nun schlafen. Was braucht es mehr?"
Der Königssohn freute sich, befahl seinen Dienern, diesem Mann das Hemd auszuziehen und ihm dafür so viel Geld zu geben, wie er haben wolle, und das Hemd gleich dem König zu bringen. Die Diener gingen eilends zu dem Menschen hin und wollten ihm das Hemd ausziehen. Aber der Glückliche war so arm, dass er nicht einmal ein Hemd besaß.

Nach Leo N. Tolstoi

Thema im Lehrplan: Was ist Glück? (Modellfälle, Wunschvorstellungen)
Lehrerhandbuch → Kapitel 1

1 Woran könnte der König erkrankt sein?

2 Wieso ist der arme Mensch glücklich, obwohl er nicht viel besitzt?

3 Wäre der König wieder gesund geworden, wenn der Plan gelungen wäre? Begründe.

4 Was macht dich glücklich? Fülle die Felder im Glückshaus. Schreibe einen Glücksspruch darunter.

5 Erkundige dich, was andere glücklich macht (Mitschüler, Lehrer, Eltern, Freunde ...).

Thema im Lehrplan: Was ist Glück? (Glücksbegriff, Modellfälle, Glückserfahrungen, Wunschvorstellungen)
Lehrerhandbuch → Kapitel 1

Kapitel 1: Ich-Seite

Das ist ein großer Traum von mir:

Dieser Spruch gefällt mir am besten:

Dieses Bild ist mir zu einem Thema aus dem Kapitel eingefallen:

Das möchte ich mir aus diesem Kapitel unbedingt merken:

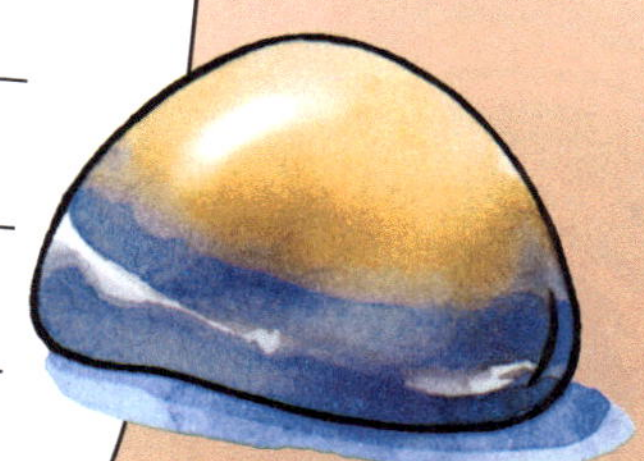

Gedanken über das Leben

1 Welche Wörter fallen dir ein, wenn du an das Leben denkst?

2 Treffen diese Sätze auf das Leben bei Tieren, Pflanzen und Menschen zu? Kreuze an.

	Tiere	Pflanzen	Menschen
Das Leben fängt klein an.			
Das Leben hinterlässt Spuren.			
Das Leben verändert sich.			
Das Leben ist einzigartig.			
Das Leben geht irgendwann zu Ende.			

3 Was stellst du fest? Begründe und tausche dich mit deinen Mitschülern aus.

Die Schale mit dem Lebenswasser

4 Stell dir vor, dir wird eine Schale mit dem „Wasser des Lebens“ angeboten. Wenn du einen Schluck davon trinkst, wirst du unsterblich sein. Würdest du aus der Schale trinken? Begründe deine Entscheidung.

5 Warum gibt es die Schale mit dem Wasser des Lebens nicht? Tauscht euch darüber aus.

Das Leben fängt klein an

Du gehst Schritt
für Schritt immer voran.
Du hältst an.
Denkst nach.
Du gehst weiter, immer weiter.
Dein Blick erweitert sich.
Du findest deinen Weg – dein Leben.

6 Ordne die Lebensabschnitte eines Menschen und trage sie in die Spirale ein:
Baby, Grundschulkind, Erwachsener, Jugendlicher, Kleinkind, Rentner.

7 Was waren besondere Erlebnisse in deinem Leben?
Stell sie mit selbst ausgedachten Zeichen in oder neben der Spirale dar.

8 Erkläre die Spirale deinem Partner.

9 Steht dein Lebensweg schon fest, wenn du geboren wirst?

Thema im Lehrplan: Lebenswege (Lebensabschnitte)
Lehrerhandbuch → Kapitel 2

Die Familie

1 Ergänze die fehlenden Wörter.

Alle Kinder haben genau wie ich E ______________. Das sind meine Mutter und mein Vater.

Ihre Eltern sind meine G ________________________. Ich nenne sie Oma und Opa.

Die K _____________ einer Familie heißen Söhne und Töchter.

Verschiedene Generationen

2 Welche Wörter passen zu den Bildern im Stammbaum? Schreibe sie unter die Bilder.

3 Wie viele Generationen gibt es in diesem Stammbaum? ___________

4 Was sagen die Leute? Ergänzt den Text. Tauscht eure Gedanken dazu aus.

Ein altes Ehepaar sitzt seit ein paar Stunden auf einer Bank am Rande einer Wiese und wundert sich über die Kinder, die auf der Wiese mit dem Ball spielen. Der Mann sagt:

„____“

Die Gesichter der Kinder glühen vom Ballspielen. Ein Kind macht eine kurze Pause und sagt zum anderen: „Wie können die nur so lange sitzen?

Ich wäre ____“

Thema im Lehrplan: Zusammenleben der Generationen (Erfahrungen mit älteren Menschen)
Lehrerhandbuch → Kapitel 2

Älter werden

1. Auf den Zetteln findest du verschiedene Antworten auf die Frage: Wann ist ein Mensch alt? Ordne die Aussagen, indem du den Stecknadelkopf farbig ausmalst. Verwende diese Farben:

   Grün: Ich bin der gleichen Meinung.
   Rot: Ich bin ganz anderer Meinung.
   Blau: Ich bin mir nicht sicher.

2. Ergänze die leeren Felder zur Frage: Wann ist ein Mensch alt?

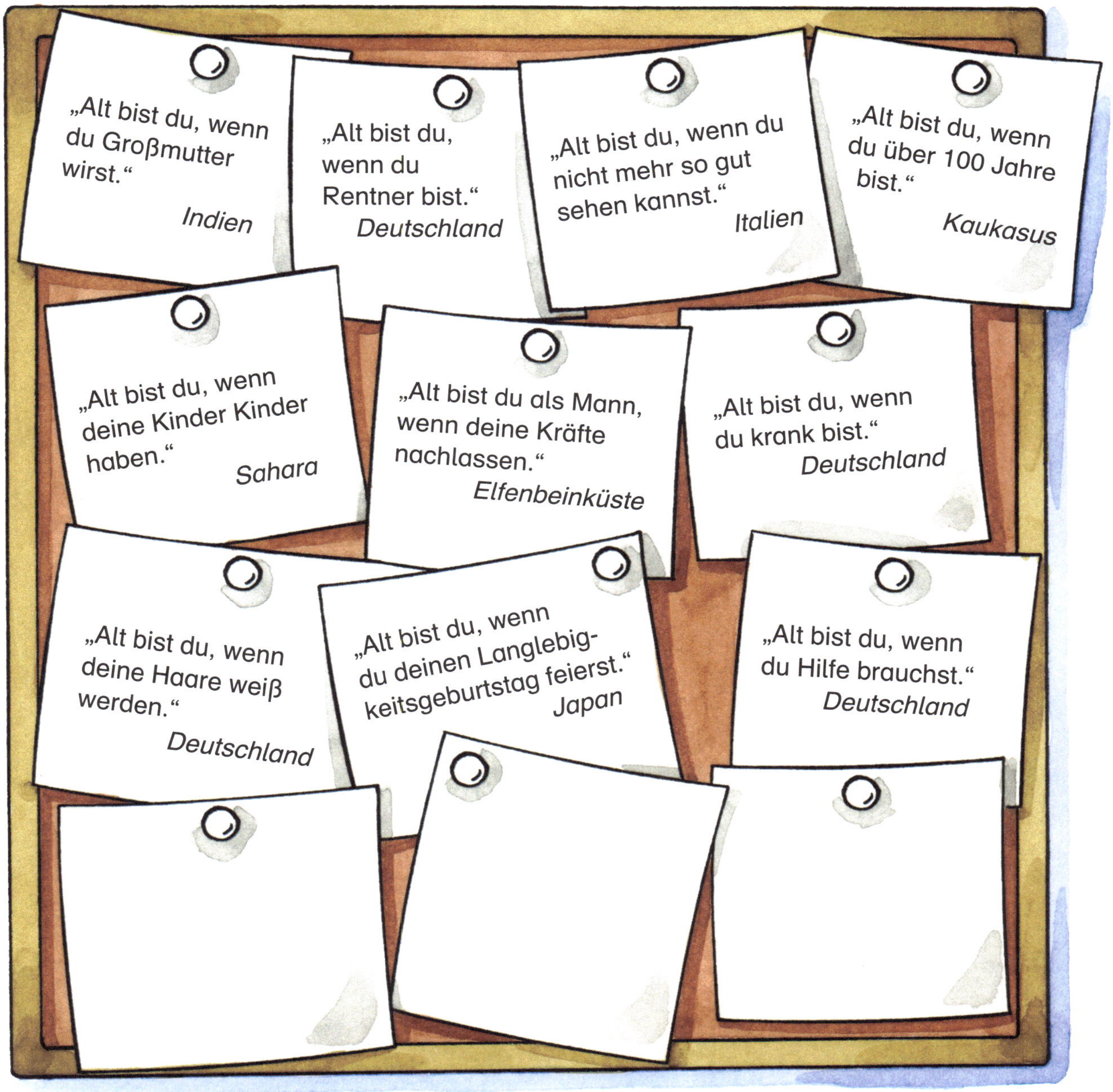

3. Vergleicht eure Ergebnisse. Sprecht über die Meinung, die die meisten Kinder vertreten.

4. Welche guten oder schlechten Erfahrungen habt ihr mit älteren Menschen schon gemacht? Erstellt dazu ein Plakat in der Gruppe.

Regeln für das Zusammenleben

1 Spielt das Spiel „Pimpelinchen gesucht“ in der Klasse.

Pimpelinchen gesucht – Spielanleitung:

Ein Kind stellt eine Spielfigur gut sichtbar irgendwo ins Klassenzimmer. Alle anderen Kinder haben in dieser Zeit die Augen geschlossen. Nach einem Zeichen (Klingel) beginnen die Kinder mit der Suche. Wenn jemand die Spielfigur gesehen hat, behält er das Geheimnis für sich und setzt sich einfach wieder auf seinen Platz. Das Spiel ist beendet, wenn alle wieder auf ihrem Platz sitzen.

2 Welche Regeln werden benötigt, damit das Spiel allen Kindern Spaß macht?

3 Schaue dir die Szenen an und überlege, welche Regeln hier nicht beachtet werden. Schreibe sie auf.

___________________________ ___________________________

___________________________ ___________________________

___________________________ ___________________________

___________________________ ___________________________

4 Nenne drei Regeln, die für dein Leben wichtig sind.

5 Können sich bestimmte Regeln im Laufe des Lebens verändern?

Thema im Lehrplan: Überprüfen gemeinsam festgelegter Regeln, Benennen von Regeln, Missachtung von Regeln
Lehrerhandbuch → Kapitel 2

Die Goldene Regel

Die Goldene Regel hat eine lange Geschichte. Sie kommt in fast allen Kulturkreisen und Religionen vor. Wie du schon aus Klasse 3 weißt, gibt es verschiedene Formulierungen.

Christentum (vor ca. 2000 Jahren)	Islam (vor ca. 1400 Jahren)	Judentum (vor ca. 4000 Jahren)

Was ihr von anderen erwartet, das tut ebenso auch ihnen.	Du bist ein wahrer Muslim, wenn du anderen Menschen wünschst, was du dir selbst wünschst.	Die Dinge, die man hasst, sollte man keinem anderen zufügen.

Im täglichen Leben hilft dir diese besondere Regel, um vorbildlich zu handeln und mit anderen Menschen gut umzugehen. Oft liest man heute die Formulierung, die du unten im Rahmen aufkleben sollst.

6 Schneide die Satzteile von der Materialseite (S. 49) aus.
Setze sie richtig zusammen und klebe sie hier auf:

7 Haben folgende Sprichwörter etwas mit der Goldenen Regel zu tun?
Findet Gemeinsamkeiten und Unterschiede.

„Wer anderen eine Grube gräbt, fällt selbst hinein.“

„Wie du mir, so ich dir.“ „Morgenstund hat Gold im Mund.“

8 Ein seltsames Bilderpaar – wer kann es erklären?

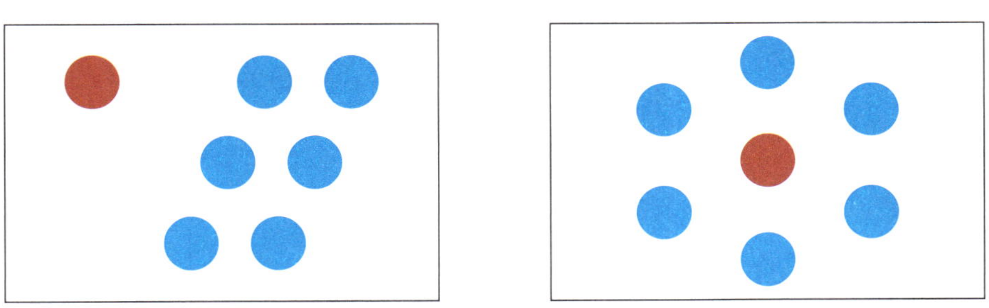

Brücken bauen

1. Wie fühlen sich die Kinder? Male die fehlenden Gesichter ein.

2. Was könnten die Kinder zur Lösung des Problems vorschlagen? Trage ein.

Jonas sagt:	Anna sagt:
„Ich bin ______________________, (Gefühl)	„Ich bin ______________________, (Gefühl)
wenn du ______________________,	wenn du ______________________,
weil ______________________.	weil ______________________.
Ich schlage vor ______________________ ______________________ ______________________."	Ich schlage vor ______________________ ______________________ ______________________."

3. Spielt die Geschichte im Rollenspiel nach.

4. Welche Regeln sollten Anna und Jonas einhalten?

Thema im Lehrplan: Strategien und Möglichkeiten zur Konfliktlösung (Rollenspiel, Einhaltung von Regeln, Umgangsformen)
Lehrerhandbuch → Kapitel 2

Kritik verstehen

1 Finde im Suchsel sieben andere Wörter für den Begriff *Kritik*.

A	W	P	O	E	K	M	F	C	K	A	E
T	T	A	D	E	L	K	B	W	V	I	X
P	X	R	F	Q	A	F	O	T	G	U	C
R	Y	S	Ä	M	G	V	V	F	R	T	D
S	B	N	W	V	E	R	W	E	I	S	R
R	Ü	C	K	M	E	L	D	U	N	G	Ü
B	E	A	N	S	T	A	N	D	U	N	G
L	N	L	Z	J	K	H	M	R	S	M	E
V	R	P	R	H	D	L	Q	W	K	B	X
E	I	N	S	C	H	Ä	T	Z	U	N	G

2 Wer könnte Moritz so kritisiert haben? Schreibe es unter die Sprechblasen.

Im letzten Wettkampf warst du viel besser.

___

Bist du blöd?

___

Du bist heute komisch angezogen, früher war das ...

___

Du kapierst das nie!

___

Dein Zimmer ist das reinste Chaos.

___

Achte auf eine saubere Schrift.

___

3 Kreuze die Kritik an, die dich am meisten verletzen würde. Begründe.

4 Formuliere die Aussage so, dass du dich nicht verletzt fühlen würdest.

___

___

5 Vervollständige den Satz: Wenn Kritik ehrlich, sachlich und fair ist, dann …

___

Kapitel 2: Ich-Seite

Das möchte ich mir aus diesem Kapitel unbedingt merken:

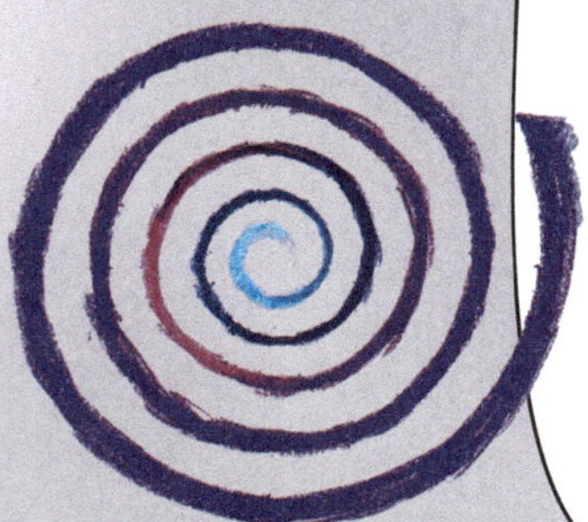

Das ist ein wichtiger Satz für mich aus diesem Kapitel:

Dieses Bild ist mir zu einem Thema aus dem Kapitel eingefallen:

Diese Fragen habe ich noch zu dem Kapitel:

Kapitel 3: Voneinander

Fremdsein

1 Finde eine oder mehrere Situationen aus deinem Leben,
- in denen du dich fremd gefühlt hast oder
- in denen dir etwas fremd vorgekommen ist.

Notiere deine Beispiele in Stichpunkten.

2 Finde Möglichkeiten,
- wie du es schaffen kannst, dich nicht mehr fremd zu fühlen oder
- wie du das, was dir fremd ist, kennenlernen kannst.

3 Erzählt euch in kleinen Gruppen von euren Erlebnissen und stellt die interessanteste oder lehrreichste Situation der Klasse vor.

Thema im Lehrplan: Fremd sein (Was ist mir fremd? Wo bin ich fremd? Wie kann ich es überwinden?)
Lehrerhandbuch → Kapitel 3

Tolerant sein

Ein Gespräch auf dem Schulhof:

① In Ethik behandeln wir jetzt zwei Weltreligionen. Was soll ich damit? Ich bin nicht gläubig und will es auch nicht werden.

② Das ist doch interessant. Bei uns ist nicht alles deutsch oder europäisch oder christlichen Ursprungs!

③ Na und? Mein Vater sagt, Ausländer gehören nicht hierher.

④ Ach, aber Pizza bestellt ihr öfter und in der Türkei zum Badeurlaub wart ihr doch auch schon!

⑤ Das ist doch was ganz anderes!

⑥ Und der coole Beshann aus der Nachbarklasse? Willst du nicht wissen, welche Feste er mit seiner Familie feiert?

⑦ Haben die denn andere Feste als wir?

⑧ Na, bestimmt.

4 Spielt das Gespräch im Rollenspiel weiter.
Bittet andere Mitschüler, mit neuen Argumenten am Gespräch teilzunehmen.

5 Was ist Toleranz für dich?

6 Wie verhält man sich tolerant? Hast du ein Beispiel dafür?

____

____

____

____

____

Das Judentum

Die jüdische Religion ist die älteste der drei monotheistischen Weltreligionen. Aus ihr sind das Christentum und der Islam entstanden. Sie ist ungefähr 4000 Jahre alt. Auf der Welt verteilt leben etwa 13,5 Millionen Juden. Sehr viele wohnen heute im Staat Israel. Dort befindet sich auch die wichtigste Stadt der Juden, die Stadt Jerusalem.
Die Juden, auch das *Volk Israel* genannt, glauben an ihren Gott Jahwe. Sie glauben, dass ihr Volk von Gott auserwählt wurde, um seinen Willen auf der Erde zu erfüllen.

Die Menora und der Davidstern sind wichtige Symbole für die jüdische Religion. Der Davidstern war eine Art Wappen auf dem Schild von König David, einem bedeutenden König der Juden, der um 1000 v. Chr. lebte. Der Davidstern ist auch Teil der Flagge des jüdischen Staates Israel.

1. Finde heraus, wie die Flagge Israels genau aussieht.

Die heilige Schrift der Juden ist die Thora. Das Wort *Thora* stammt aus dem Hebräischen und bedeutet „Lehre" oder „Gesetz".
Die Thora enthält unter anderem einen Teil des Alten Testaments der christlichen Bibel und ist in hebräischer Sprache verfasst.
Jede Thora hat die Gestalt einer Schriftrolle, eingehüllt in ein kunstvoll verziertes „Kleid".
Sie wird von einem ausgewählten Schreiber von Hand aufgeschrieben. Die Thora ist den Juden heilig. Deshalb darf ihre Schrift nicht mit bloßen Händen berührt werden. Als Hilfe zum Lesen wird ein Lesefinger benutzt.

Klebefläche

Klebefläche

2. Unterstreiche alle Begriffe im Text, die für die jüdische Religion besonders wichtig sind.
3. Stell deinem Partner Fragen zu den unterstrichenen Begriffen.
4. Schneide die Fotos auf der Materialseite (S. 49) aus und klebe sie auf die Klebeflächen.

Thema im Lehrplan: Judentum (kulturelle, ethnische, religiöse Vielfalt erleben)
Lehrerhandbuch → Kapitel 3

Versammlungsort und Gebetshaus der Juden ist die Synagoge. Jede jüdische Gemeinde bewahrt ihre Thora dort in einem besonderen Schrank, dem *Thoraschrein*, auf. An jedem Sabbat und an Festtagen wird sie feierlich hervorgeholt, um aus ihr vorzulesen oder vorzusingen – das geschieht immer auf Hebräisch.
Männer und Jungen dürfen die Synagoge nur mit einer Kippa auf dem Kopf betreten.

5 Setze die richtigen Ziffern in die Kreise der Zeichnung. Schneide dann das Foto der Synagoge von der Materialseite (S. 51) aus und klebe es auf die Klebefläche.

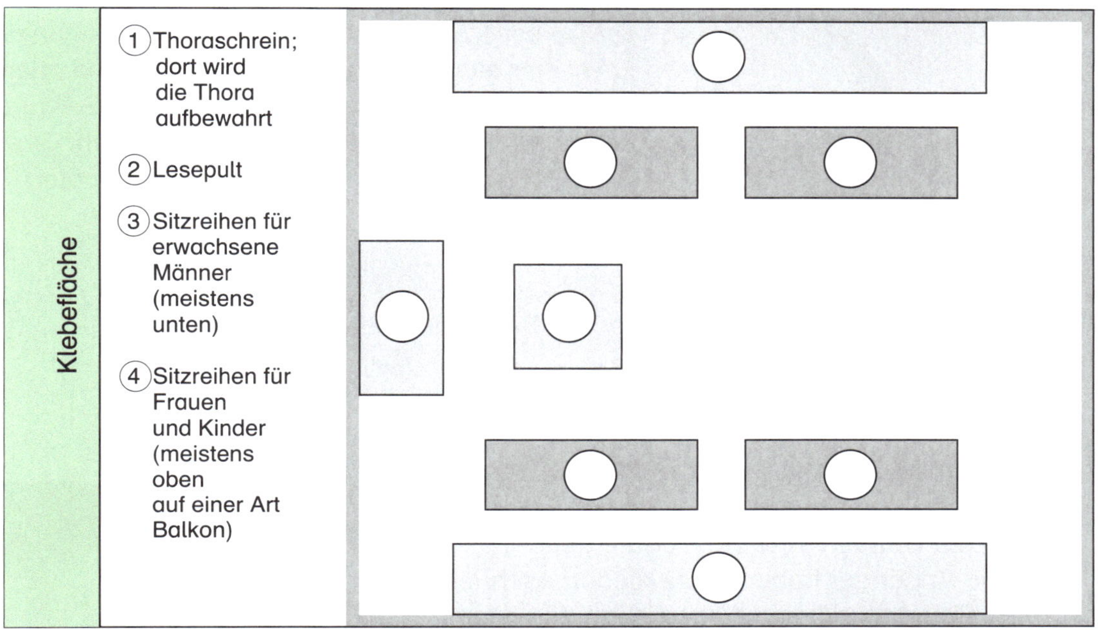

Der Rabbiner, auch *Rabbi* genannt, leitet den Gottesdienst in der Synagoge. Er kennt sich besonders gut mit dem Inhalt der Thora und den jüdischen Lebensregeln aus. Deshalb ist er auch Lehrer in Glaubensfragen und Berater bei Alltagsproblemen. Außerdem kümmert er sich um seine Gemeinde, so wie im Christentum die Pfarrer und Priester.

Die Juden haben einen Ruhetag, den *Sabbat*. Er beginnt am Freitagabend und endet am Samstagabend. Der Sabbat wird jede Woche gefeiert. Die Familien gehen an diesem Tag auch in die Synagoge. Er dient der besonderen Besinnung auf Gott und der Erholung. Der Ablauf des Sabbats ist genau festgelegt. Außerdem sollen die jüdischen Menschen am Sabbat möglichst nicht arbeiten, nicht telefonieren, nicht fernsehen. Das Essen muss vorgekocht sein, damit sich jedes Familienmitglied ausruhen kann.

Der Islam

Blaues Glossar!

Der Islam ist die jüngste der monotheistischen Weltreligionen. Er entstand erst vor etwa 1400 Jahren in Arabien. Das Wort *Islam* bedeutet so viel wie „wohlbehalten sein“ oder „sich Gott hingeben“. Die Gläubigen heißen *Muslime*, das bedeutet „gehorsame Diener Gottes“. Der Islam erkennt das Judentum und das Christentum als Religionen an. Muslime glauben an einen Gott. Auf Arabisch heißt Gott „Allah“.
Ungefähr 1,3 Milliarden Menschen auf der Welt sind Muslime. Das ist etwa jeder 5. Mensch. Sie leben in vielen Teilen der Welt, hauptsächlich in Asien, den arabischen Staaten und Nordafrika.

Da es in Arabien viele Wüsten gibt, reisten die Menschen früher oft nur in der kühleren Nacht und orientierten sich dabei am Mond und an den Sternen. So wurde der Halbmond ein berühmtes Symbol des Islam. Er erscheint auch auf Flaggen von vielen arabischen Staaten.

1 Finde heraus, welche Staaten den Halbmond in ihrer Flagge führen.

Blaues Glossar!

Die Muslime glauben fest daran, dass Allah dem Propheten Mohammed (570-632) den islamischen Glauben überliefert hat. Mohammed hat Gottes Worte viele Jahre gepredigt. Seine Anhänger haben diese niedergeschrieben. So entstand die heilige Schrift des Islam, der *Koran*. *Koran* bedeutet „Lesung“ oder „Vortrag“.
Der Koran umfasst 114 Kapitel, die Suren genannt werden. Er wird nur auf Arabisch gelesen und gesungen. Sehr gläubige Muslime lernen ihn auswendig.

Klebefläche

In islamischen Schriften ist festgelegt, wie Frauen und Mädchen sich kleiden sollen, dass Muslime kein Schweinefleisch essen und keinen Alkohol trinken dürfen. Außerdem wird geregelt, auf welche Art Tiere zu schlachten sind, wie gebetet werden muss und vieles mehr.

2 Unterstreiche alle Begriffe im Text, die für den Islam besonders wichtig sind.

3 Stell deinem Partner Fragen zu den unterstrichenen Begriffen.

4 Schneide das Foto auf der Materialseite (S. 51) aus und klebe es auf die Klebefläche.

Thema im Lehrplan: Islam (kulturelle, ethnische, religiöse Vielfalt erleben)
Lehrerhandbuch → Kapitel 3

5 Setze die richtigen Ziffern in die Kreise der Zeichnung. Schneide dann das Foto der Moschee von der Materialseite (S. 53) aus und klebe es auf die Klebefläche.

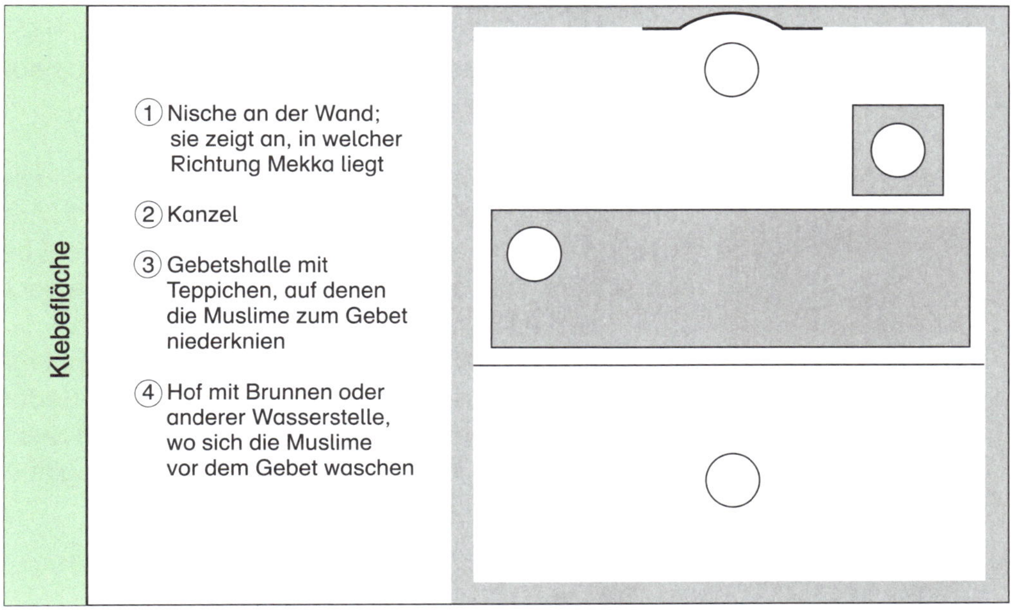

Das Gebetshaus der Muslime heißt *Moschee*. Man darf die Moschee nur ohne Schuhe betreten. Der große Gebetsraum in der Moschee ist mit Matten oder Teppichen ausgelegt. Man betet auf dem Boden. Den Vorbeter beim islamischen Gebet nennt man *Imam*. Er leitet das Gebet von einem kunstvoll verzierten Stuhl oder Podest aus. Ansonsten herrscht in der Moschee absolute Ruhe. Immer freitags wird das große Gebet mit Predigt abgehalten. Der Freitag ist für Muslime der heilige Tag der Versammlung.

Jede Moschee hat mindestens einen Turm, das *Minarett*. Von hier aus ruft der Muezzin, der Gebetsrufer, die Gläubigen fünfmal am Tag zum Gebet. Hilfreich sind dabei Lautsprecher, die es heutzutage auf einem Minarett gibt.

Muslime auf der ganzen Welt bemühen sich, auch ohne Moschee fünfmal am Tag zu beten. Zuerst reinigen sie sich dabei Gesicht, Hände und Füße. Dann knien sie auf einem kleinen Gebetsteppich. Sie beten stets in Richtung Mekka.

Mekka liegt in Saudi-Arabien und ist die heiligste Stadt der Muslime. Hier steht die Kaaba im Hof einer riesigen Moschee. Auch Prophet Mohammed wurde hier geboren. Medina ist ebenfalls eine heilige Stadt für Muslime, da dort die Prophetenmoschee steht, in der Mohammed beigesetzt wurde.

Jüdische Feste

Das Pessach-Fest im Frühjahr

Der Name des Pessach-Festes kommt von dem hebräischen Wort *pesah* für „Schutz“.

Das Pessach-Fest erinnert an die Befreiung des jüdischen Volkes aus der Sklaverei: Vor langer Zeit lebten die Juden in Ägypten. Dort mussten sie schwer arbeiten und wurden schlecht behandelt. Moses half seinem Volk bei der Flucht durch die Wüste nach Israel.

Das Pessach-Fest dauert eine Woche. Es beginnt mit dem ersten Vollmond im Frühjahr. An diesem Abend, dem *Seder-Abend*, wird mit symbolischen Speisen auf dem Seder-Teller an das harte und unglückliche Leben in Sklaverei erinnert. Danach gibt es ein Festessen mit vielen Leckereien.

1. Finde heraus, was am Seder-Abend auf dem Seder-Teller liegt und warum.

Jom Kippur – der große Versöhnungstag im Herbst

Der Jom Kippur ist der heiligste Tag der Juden. An diesem Tag feiert man das Ende einer 40-tägigen Zeit der Reue und Buße, in der die Menschen versuchen, sich zum Guten zu ändern. Am Jom Kippur wird streng gefastet und viel gebetet, um sich mit Gott zu versöhnen. Spätestens am Vorbereitungstag soll man sich auch mit allen Menschen vertragen, mit denen man sich im Laufe des Jahres gestritten hat.

2. Stell dir vor, du würdest am Versöhnungsfest teilnehmen.
Mit wem und wie würdest du dich versöhnen?

____

____

____

____

Islamische Feste

Ramadan – der Fastenmonat der Muslime

Der Zeitpunkt des Ramadans ändert sich jedes Jahr, da er sich nach den Mondphasen richtet und nicht nach unserem Kalender.
Einmal im Jahr fasten dann alle erwachsenen Muslime 30 Tage lang von der Morgendämmerung bis zum Sonnenuntergang. In dieser Zeit dürfen sie nicht essen, trinken, rauchen, auch nicht streiten oder lügen.
Dieses Fasten soll den Muslimen helfen, sich in Not leidende und hungernde Menschen hineinzufühlen, sich von ihren Fehlern zu reinigen, sich zu versöhnen, Armen zu spenden und intensiv ihren Glauben zu pflegen.

1 Warum ist es für manche Urlaubsreisen wichtig, über den Ramadan Bescheid zu wissen?

____

____

____

Bayram – das Fest des Fastenbrechens

Das Bayram-Fest ist der fröhliche Abschluss der strengen Fastenzeit der Muslime. Es dauert zwei oder drei Tage. Am ersten Tag bekommen die Kinder in muslimischen Ländern manchmal schulfrei.
Während des Bayram-Festes werden viele Süßigkeiten gebacken, vernascht und verschenkt. Türkische Muslime nennen diese Tage daher auch *Zuckerfest*.
Die Kinder bekommen Geschenke, oft auch neue Kleider. Man besucht Freunde und Verwandte, feiert in der Familie. Es gibt ein Festmahl. Für arme Landsleute werden Päckchen gepackt oder es wird Geld gespendet.

2 Schneide die Bilder von der Materialseite (S. 53) aus und klebe sie auf den Tisch.

3 Welches Fest beendet die Fastenzeit bei den Christen?

Jerusalem – die heilige Stadt der drei Weltreligionen

Nach Jerusalem pilgern Christen, Juden und Muslime, denn hier hat jede der Religionen eine heilige Stätte.
In Jerusalem wurde Jesus von Nazareth zum Tode verurteilt, gekreuzigt und nach dem Glauben der Christen von Gott zu neuem Leben erweckt. Darum beten die Christen in der **Grabeskirche** und denken an Jesu Tod und Auferstehung.
Für die Juden ist Jerusalem seit König David die Hauptstadt Israels. Hier stand der Tempel, ihr größtes Heiligtum. Nur die Westmauer der Tempelanlage steht heute noch. Sie wird **Klagemauer** genannt. Hier sprechen viele Juden ihre Gebete, feiern religiöse Feste und stecken Gebetszettel mit Bitten an Jahwe in die Mauerritzen.
Für Muslime ist Jerusalem nach Mekka und Medina die dritte heilige Stätte ihres Glaubens. Auf dem Tempelplatz, an der Stelle des alten jüdischen Tempels, steht ihr **Felsendom**. Er ist keine Moschee. Im Inneren des Felsendoms ragt ein Fels aus dem Boden. Die Muslime glauben, dass von hier aus ihr Prophet Mohammed in den Himmel aufstieg.

1 Ergänze die Zeilen.

Nach Jerusalem pilgern ____.

Die heilige Stätte des Judentums ist ____________________________________.

Die Pilgerstätte des Christentums ist ___________________________________.

Für den Islam hat hier der ______________________________ eine besondere Bedeutung.

2 Suche die Stadt Jerusalem auf einer Karte (Mittelmeer/Saudi-Arabien).

Thema im Lehrplan: Jerusalem als heilige Stadt (das Trennende und Verbindende ausgewählter Weltreligionen erkennen)
Lehrerhandbuch → Kapitel 3

Die drei Weltreligionen – ein Gott

1 Überprüfe dein Wissen. Ergänze dazu die Tabelle.

	Judentum	Christentum	Islam
Die Gläubigen heißen:			
Die Religion gibt es seit etwa so vielen Jahren:			
Hauptsymbol des Glaubens ist:			
Die Heilige Schrift heißt:			
Das Gebetshaus heißt:			
Der Leiter des Gottesdienstes heißt:			
Das ist der Ruhetag:			
Wichtige Feste sind:			

Kleine und große Helden des Alltags

1 Diskutiert eure Meinungen zu der Aussage des Faultiers.

Zu den wichtigsten Geboten der Juden, Christen und Muslime gehört die Hilfe für Not leidende Menschen. Manche Gläubige haben sich ganz besonders für andere Menschen eingesetzt. Darum wird heute noch von ihnen erzählt.

Vor 800 Jahren gab es auf der Wartburg bei Eisenach (Thüringen) die christliche Prinzessin **Elisabeth** (1207–1231). Sie half Armen und Kranken aus der Umgebung der Burg. Nach dem Tod ihres Mannes wurde sie mit ihren drei Kindern von der Wartburg verstoßen. Trotzdem kümmerte sie sich weiter um die Ärmsten, gründete ein Krankenhaus und verwendete ihren gesamten Besitz dafür, bis sie selbst in Armut starb.

Vor über 1000 Jahren lebte in Arabien der muslimische Arzt und Philosoph **Abu Bakr** (864 – 925). Er verfasste ein Buch, in dem er Gedanken über eine gute Lebensweise festhielt. Darin äußerte er die Meinung, dass sich jeder Mensch durch Mitleid und Barmherzigkeit auszeichnen sollte.
Er selbst gründete ein großes Krankenhaus, in welchem er Arme und Kinder kostenlos behandelte. Dafür setzte er sein gesamtes Vermögen ein.

2 Gestalte ein Plakat zum Thema „So kann ich anderen Menschen helfen“. Bringe dabei ganz konkrete Beispiele. Denke an deine Mitmenschen.

Thema im Lehrplan: Wirken religiöser Persönlichkeiten (Möglichkeiten, anderen Menschen zu helfen)
Lehrerhandbuch → Kapitel 3

„Das Glück ist das Einzige, was sich verdoppelt, wenn man es teilt.“

Albert Schweitzer

3 Versuche, die Bedeutung dieses Spruches zu erklären.

Auf S. 7 erfährst du auch etwas über Albert Schweitzer.

4 Finde heraus, wer Albert Schweitzer war und wie er gelebt hat.

Im Internet kannst du unter www.unicef.de mehr über UNICEF erfahren.

Hilfsorganisationen und Hilfsprojekte

UNICEF ist die Kinder-Hilfsorganisation der Vereinten Nationen. Sie hilft Kindern in armen Ländern und Krisengebieten, in denen die Menschen in große Not geraten sind. Der Grund dafür können Naturkatastrophen oder Kriege sein. UNICEF setzt sich auch für Kinderrechte ein, zum Beispiel für das Recht auf Schule, Hilfe bei Krankheit und Schutz vor Gewalt. Die Hilfseinsätze der UNICEF kosten viel Geld. Darum sammeln viele Menschen Spenden für UNICEF, auch berühmte Schauspieler und Sportler.

unicef Gemeinsam für Kinder

5 Finde heraus, welche berühmten Personen als Sonderbotschafter für UNICEF tätig sind.

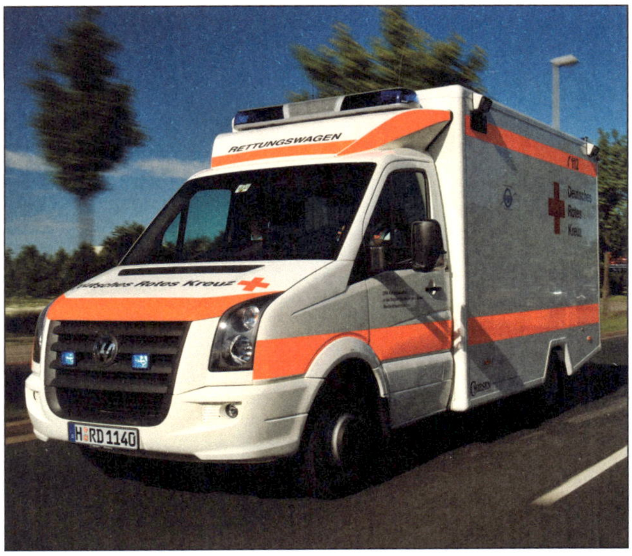

Einen solchen oder ähnlichen Krankenwagen hast du sicher schon gesehen. Das Rote Kreuz darauf ist das Erkennungszeichen der großen Hilfsorganisation *Deutsches Rotes Kreuz* (DRK). Sie hat es sich zur Aufgabe gemacht, Menschen in Not zu helfen. Dadurch wurde das Rote Kreuz zum Symbol für Erste Hilfe, Rettungsdienst und Katastropheneinsatz.

Die Mitarbeiter und Sanitäter sind nicht nur bei Unfällen und Großveranstaltungen im Einsatz. Sie helfen auch Verletzten bei Naturkatastrophen und in Kriegsgebieten. So wurde das Rote Kreuz in der ganzen Welt als Symbol für Hilfe bekannt.

Gelbes Glossar!

6 Es gibt noch viele weitere Hilfsorganisationen und Hilfsprojekte. Sammelt Informationen über „SOS Kinderdorf“, „Brot für die Welt“, „Misereor“, „fairtrade“ oder andere Hilfsprojekte. Haltet kleine Vorträge darüber.

Kapitel 3: Ich-Seite

Das möchte ich mir aus diesem Kapitel unbedingt merken:

Das haben die drei Weltreligionen mit mir zu tun:

Dieses Bild ist mir zu einem Thema aus dem Kapitel eingefallen:

Diese Fragen habe ich noch zu dem Kapitel:

Kapitel 4: Wir in der Welt

Gerechtigkeit und Ungerechtigkeit

„Gerecht handelst du, wenn du die anderen so behandelst, wie du selber von ihnen behandelt werden möchtest!“

Indischer Philosoph Schakyamuni (ca. 563 v. Chr.)

Aristoteles und Platon, zwei griechische Philosophen, dachten schon zu ihrer Zeit darüber nach, was Gerechtigkeit ist. Sie meinten, dass die Menschen ohne Gerechtigkeit nicht zusammen leben können.

Auch in der römischen und griechischen Götterwelt gab es eine Göttin, die für die Gerechtigkeit zuständig war. Sie wurde Justitia genannt und steht noch heute mit ihrer *Waage*, dem *Schwert* und der *Augenbinde* als Sinnbild für ausgleichende Gerechtigkeit.

1. Überlege, was die drei Elemente mit Gerechtigkeit zu tun haben.

2. Finde auf jeder Seite der Waage so viele Wörter, dass sie nicht mehr in einer Schieflage ist. Vergleiche mit deinen Mitschülern und ergänze.

Fairness, Liebe, Freundschaft

____

____

____

____

____

Undankbarkeit, Streit, Unsachlichkeit, Lüge

____

____

____

____

3. Bilde je drei Sätze mit den Wörtern von beiden Seiten der Waage.

Eine gerechte Lösung

Stell dir vor, zwei Familien leben auf einer einsamen Insel. Beide ernähren sich vom Fischfang. Langsam gibt es immer weniger Fische vor der Insel. Eines Tages hat eine der beiden Familien keine Fische mehr im Netz.

Stell dir vor, ein Kind in eurer Klasse hat Geburtstag und bringt einen Kuchen mit. Der Kuchen soll an alle Kinder verteilt werden.

4 Wähle eine Geschichte aus und suche eine gerechte Lösung.

5 Stell deine Lösung deinen Mitschülern vor und diskutiere sie mit ihnen.

Verschiedene Sprüche zur Ungerechtigkeit

„Die schlimmste Art der Ungerechtigkeit ist die vorgespielte Gerechtigkeit."
Platon (428–348 v. Chr.)

„Wenn nämlich die Ungerechtigkeit bewaffnet ist, so ist sie am allergefährlichsten."
Aristoteles (384–322 v. Chr.)

„Kinder erleben nichts so scharf und bitter wie Ungerechtigkeit."
Charles Dickens (1812–1870)

6 Suche dir einen Spruch aus und versuche, ihn zu erklären. Hast du ein Beispiel dafür?

Kinderrechte – Menschenrechte

Kinderrechte sind die Rechte von Kindern und Jugendlichen. Sie sind weltweit in der UN-Kinderrechtskonvention festgeschrieben. Durch diese Rechte sollen Kinder vor Ungerechtigkeiten und Ausbeutung geschützt werden.

Die Kinderrechte wurden am 20. November 1989 von der Generalversammlung der Vereinten Nationen (UNO) verabschiedet. Die Konvention trat am 20. September 1990 in Kraft. Der Deutsche Bundestag hat am 14. November 1991 der Konvention zugestimmt. Damit hat sich die Bundesrepublik Deutschland verpflichtet, die Bestimmungen über die Kinderrechte zu erfüllen und umzusetzen. Bis heute haben etwa 200 Staaten die Konvention anerkannt.

1. Die Kinder Jamila und Khagendra haben etwas über ihr Leben geschrieben. Du findest die Briefe auf der Materialseite (S. 55). Fülle den Steckbrief für eines der beiden Kinder aus.

Steckbrief

Name: ______________________ Alter: ______ Land: ____________________

Warum es mir nicht so gut ging:

____

____

____

Wie mir geholfen wurde:

____

____

____

2. Was brauchen Kinder, um gesund und glücklich aufzuwachsen?

Hier sind einige der wichtigsten Kinderrechte:

- ◯ Recht auf Bildung
- ◯ Recht auf Meinungsäußerung
- ◯ Recht auf elterliche Fürsorge
- ◯ Recht auf Spiel und Freizeit
- ◯ Recht auf Betreuung bei Behinderung
- ◯ Recht auf gewaltfreie Erziehung
- ◯ Recht auf Gleichheit
- ◯ Recht auf Gesundheit
- ◯ Recht auf Schutz vor körperlicher, seelischer oder sexueller Gewalt
- ◯ Recht auf Schutz im Krieg und auf der Flucht

3 Nummeriere diese Kinderrechte für dich nach Wichtigkeit (1 = am wichtigsten). Begründe deine Entscheidung.

Es gibt viele Kinder auf der Welt, denen es nicht gut geht. Viele Kinder können nicht zur Schule gehen und müssen arbeiten, um für den Lebensunterhalt ihrer Familie zu sorgen.

4 Löse das Rätsel. Im Lösungswort steht, was alle Kinder sehr gern tun.

1. Wozu benutzt du deinen Füller?
2. In welchem Fach müssen alle Kinder turnen?
3. Was essen Kinder im Sommer gern?
4. Was kann man nur mit den Augen machen?
5. Was kannst du mit einem Buch machen?
6. Was machst du mit Pinsel und Farbe?
7. Was musst du bei vielen Brettspielen machen?

Lösung: ___ ___ ___ ___ ___ ___ ___

Thema im Lehrplan: UNO-Kinderrechte und Menschenrechte
Lehrerhandbuch → Kapitel 4

Kapitel 4: Wir in der Welt

Was ist Zeit?

1. Die Schule geht und geht nicht aus,
dabei wolln alle doch nach Haus,
keine Klingel, es bleibt zwölf Uhr drei,
der Schuldirektor wird verrückt dabei.

2. Die Mittagspause in der Fabrik
verlängert sich Stück um Stück.
Keiner will zurück zur Arbeit gehn,
weil überall die Uhren stehn.

3. Ein Sprecher sagt im Radio:
„Wir wissen nicht, warum und wieso."
Im Bahnhof fährt kein Zug mehr ab,
keinem wird die Zeit zu knapp.

4. Niemand ist mehr abgehetzt,
Zeit hat jeder jetzt,
doch keiner weiß, wie's weitergeht,
wenn selbst die Uhr am Bahnhof steht.

1 Wenn die Uhr stehen bleibt, bleibt dann auch die Zeit stehen? Begründe.

___

___

___

2 Stell dir vor, die Zeit bleibt jetzt stehen. Wäre das gut oder schlecht? Begründe.

Thema im Lehrplan: Was ist Zeit? (Zeit als Symbol für Vergänglichkeit, Umgang mit Zeit)
Lehrerhandbuch → Kapitel 4

Wörter und Sprichwörter zum Thema Zeit

3 Finde zusammengesetzte Wörter mit „Zeit“:

...zeit, ...zeit, ______________________________

____

Zeit..., Zeit..., ______________________________

____

4 Zum Thema Zeit gibt es viele Sprichwörter. Finde heraus, welche drei Sprichwörter hier gemeint sind. Schreibe sie auf.

wie ist tot

Geld **Zeit** im

Fluge schlagen vergeht

____

____

____

5 Tauscht euch darüber aus, welche Sprichwörter ihr zum Thema Zeit noch kennt. Schreibt eines hier auf.

____

____

6 „Heute ist morgen schon gestern.“ Versuche, dieses Sprichwort zu erklären.

Kapitel 4: Wir in der Welt

Was ist der Mensch?

Die Einzigartigkeit jedes Menschen

1. Stell dir vor, du bekommst einen Spiegel, in dem jeder Mensch genauso aussieht, wie er möchte.
Erzähle deinem Partner, wie du aussehen möchtest.

2. Nimm einen Spiegel und betrachte dich. Schreibe auf, was dir an deinem Gesicht gefällt oder nicht gefällt.

Die Eigenschaften der Menschen

Außerirdische kommen

Eines Tages kommen Außerirdische ins Klassenzimmer. Sie kommen vom Planeten Jupiter, sehen aus wie Menschen, können auch sprechen und denken, aber nicht lachen und weinen. Sie zeigen keine Gefühle.

3. Gehören diese Außerirdischen zu den Menschen?

4. Schreibt einige Gefühle an die Tafel und spielt sie pantomimisch nach.

5. Welche Eigenschaften haben alle Menschen?

6 Was können diese Lebewesen gut? Finde verschiedene Eigenschaften.

Hunde können gut ______________________________

Rosen können gut ______________________________

Ameisen können gut ______________________________

Kinder können gut ______________________________

7 Was können diese Lebewesen nicht gut? Finde verschiedene Eigenschaften.

Hunde können nicht gut ______________________________

Rosen können nicht gut ______________________________

Ameisen können nicht gut ______________________________

Kinder können nicht gut ______________________________

8 Ergänze den Satz:

Ein Mensch ist ein Mensch, weil er ______________________________

______________________________ kann.

Woher kommt der Mensch?

Die Menschen beschäftigen sich schon sehr lange mit der Frage, woher sie eigentlich kommen. Sie fragen sich bei vielen Dingen, warum sie so sind, wie sie sind. Schon lange wird geforscht, um konkrete Antworten zu finden. Mit der Zeit wissen die Menschen immer mehr. Deshalb werden auch ihre Fragen immer genauer.

Es gibt bereits einige verschiedene Antworten auf die Frage, woher der Mensch kommt.
Man unterscheidet bei diesen Antworten zwei Gebiete:
Einerseits erklären die Wissenschaftler die Entstehung der Menschheit mit dem Urknall und der Entwicklung vom Leben auf dem Planeten Erde.
Andererseits haben viele Menschen die Vorstellung, dass ein höheres Wesen, ein Gott, die Menschen erschaffen hat.

9 Unterhaltet euch darüber, wie die Menschen entstanden sein könnten.
Tauscht eure Meinungen aus.

Das sind gute Eigenschaften von mir:

Das wünsche ich mir für alle Kinder dieser Welt:

Dieses Bild ist mir zu einem Thema aus dem Kapitel eingefallen:

Das ist mein liebstes Sprichwort zum Thema Zeit:

Materialseiten

Anhang

Materialseite zu S. 19
Die Goldene Regel..............S. 49

Materialseite zu S. 26
Das Judentum......................S. 49

Materialseite zu S. 27
Das Judentum......................S. 51

Materialseite zu S. 28
Der Islam.............................S. 51

Materialseite zu S. 29
Der Islam.............................S. 53

Materialseite zu S. 31
Islamische Feste.................S. 53

Materialseite zu S. 40
Kinderrechte – Menschenrechte...S. 55

Blaues Glossar
Begriffe................................S. 57

Gelbes Glossar
Arbeitstechniken .... S. 59

Auf den Materialseiten findest du
verschiedene Texte und Bilder
zum Basteln, Ausmalen und Spielen.

Im blauen Glossar findest du die Erklärung
von schwierigen Begriffen.
Außerdem findest du dort viele interessante Informationen,
zum Beispiel zu unseren Feiertagen.

Im gelben Glossar findest du Anleitungen
für verschiedene Arbeitstechniken,
mit denen das Lernen noch mehr Spaß macht.

Seite 19: Die Goldene Regel

6 Schneide die Satzteile aus. Setze sie richtig zusammen und klebe sie auf.

behandelt werden	möchtest.	wie du selbst	jeden Menschen so,	Behandle

Seite 26: Das Judentum

3 Schneide das Foto aus. Knicke das Foto an der durchgezogenen Linie nach oben. Klebe den grünen Bereich auf die Klebefläche.

Seite 26: Das Judentum

3 Schneide den Lesefinger aus. Klebe ihn auf die Thora-Schrift.

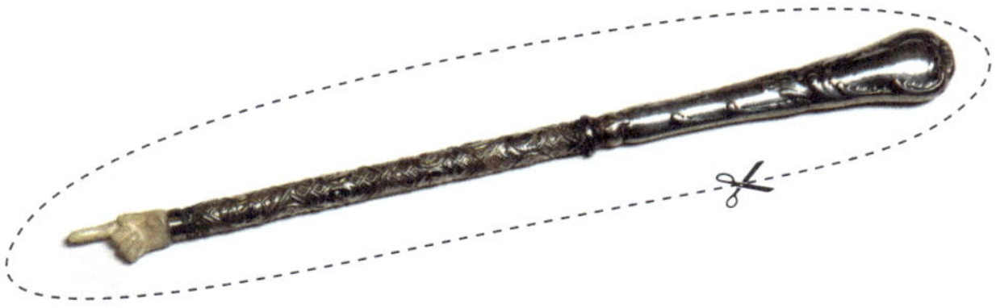

Seite 27: Das Judentum

4 Schneide das Foto von der Synagoge aus. Knicke es an der durchgezogenen Linie nach oben. Klebe den grünen Bereich auf die Klebefläche. Wenn du dann das Foto hoch- und herunterklappst, kannst du sehen, wie eine Synagoge von außen und von innen aussieht.

Seite 28: Der Islam

4 Schneide das Foto des Koran aus. Knicke es an der durchgezogenen Linie nach oben. Klebe den grünen Bereich auf die Klebefläche.

Seite 29: Der Islam

5 Schneide das Foto von der Moschee aus. Knicke es an der durchgezogenen Linie nach oben. Klebe den grünen Bereich auf die Klebefläche. Wenn du dann das Foto hoch- und herunterklappst, kannst du sehen, wie eine Moschee von außen und von innen aussieht.

Seite 31: Islamische Feste

2 Schneide die Bilder aus und klebe sie auf den Tisch.

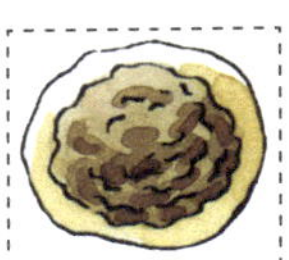

Seite 40: Kinderrechte – Menschenrechte

2 Die Kinder Jamila und Khagendra haben etwas über ihr Leben geschrieben.
Fülle den Steckbrief für eines der beiden Kinder auf S. 40 aus.

Brief von Jamila

Hallo,

ich heiße Jamila und bin ein Mädchen aus Benin. Das ist ein kleines Land in Westafrika. Ich bin 14 Jahre alt. Letztes Jahr ist meine Mutter gestorben. Weil das Geld für mich und meine jüngeren Geschwister nicht reichte, hat mich mein Vater zu einer anderen Familie nach Nigeria geschickt, wo ich etwas Geld dazuverdienen sollte. Nigeria ist ein Nachbarland von Benin.
Die Arbeit bei meiner Gastfamilie war sehr hart. Ich musste 15 Stunden pro Tag arbeiten und den ganzen Haushalt führen. Wenn ich nicht alles geschafft habe, habe ich Schläge bekommen. Zu essen bekam ich nur die Reste, die die Familie übriggelassen hat. Ich hatte schreckliches Heimweh und habe meinen Vater und meine Geschwister vermisst. Zu ihnen hatte ich gar keinen Kontakt mehr.
Eines Tages wurde ich krank. Aus Angst vor noch mehr Schlägen bin ich weggelaufen. Die Polizei hat mich gefunden und mich zu einer UNICEF-Einrichtung gebracht. Hier bekam ich gesundes Essen und ein Arzt kümmerte sich um mich. Die UNICEF hat mir geholfen, wieder Kontakt zu meiner Familie herzustellen und mir einen Ausbildungsplatz zu besorgen. Endlich darf ich wieder etwas lernen und fühle mich nicht mehr wie ein Kindersklave!

Jamila

Brief von Khagendra

Hallo,

ich heiße Khagendra und bin ein Junge aus Nepal. Ich bin 12 Jahre alt. Ich wohne mit meiner Familie in einer Hütte in einem kleinen Ort im Süden Nepals. Meine Familie ist so arm, dass ich mithelfen muss, Geld für unser Essen zu verdienen. Ich arbeite jeden Tag viele Stunden im Steinbruch und grabe nach Sand. Das ist sehr anstrengend, aber meine Eltern können den Sand dann für etwas Geld verkaufen.
UNICEF hat uns geholfen, damit jedes Kind, das im Steinbruch arbeitet, jeden Tag für wenigstens zwei Stunden in die Schule gehen kann. Mir macht es viel Freude, lesen und schreiben zu lernen. Bildung ist in unserem Land die einzige Möglichkeit, um die Armut zu bekämpfen. Mein Traum ist es, später einmal Arzt zu werden.

Khagendra

Blaues Glossar: Begriffe

Aristoteles: Der griechische Philosoph Aristoteles lebte von 384–322 v. Chr. Er war ein Schüler des Philosophen Platon. Aristoteles beschäftigte sich mit vielen Themen, wie zum Beispiel Biologie, Ethik oder Politik. Er gehört zu den berühmtesten Philosophen der Geschichte und seine Schriften und Erkenntnisse sind auch heute noch von Bedeutung.

Deutscher Bundestag: Das ist der Name des deutschen Parlaments. Das sind ungefähr 600 Menschen, die die Meinung des Volkes vertreten. Das Parlament sitzt in einem Gebäude in Berlin. Dort werden die Gesetze verabschiedet und der Bundeskanzler gewählt.

Epikur: Der griechische Philosoph Epikur lebte von 341–270 v. Chr. Er beschäftigte sich hauptsächlich mit der Naturlehre, der Logik und der Ethik. Seine Überlegungen, wie ein Mensch leben sollte, um glücklich zu sein, regen bis heute viele Menschen zum Nachdenken an.

Generalversammlung der Vereinten Nationen (UNO): So nennt man die große Versammlung aller Mitgliedsstaaten der Vereinten Nationen. Dazu gehören fast 200 verschiedene Staaten. Bei Diskussionen und Beratungen darf jeder Staat Empfehlungen aussprechen. Die wichtigsten Aufgaben sind die Sicherung des Weltfriedens, die Einhaltung des Völkerrechts und der Schutz der Menschenrechte.

Generationen: Menschen, die zur gleichen Altersgruppe gehören, vertreten eine Generation. Wenn man von drei Generationen spricht, so meint man Großeltern, Eltern und Kinder.

Gewissen: Hat man etwas gemacht, was man richtig findet, hat man hinterher ein „gutes Gewissen". Hat man aber etwas gemacht, was man eigentlich falsch findet, hat man oft ein „schlechtes Gewissen". Das Gewissen hilft, Taten als richtig oder falsch zu beurteilen. Es dient auch dazu, vor einer Entscheidung über die möglichen Folgen nachzudenken.

Kaaba: Die Kaaba ist das zentrale Heiligtum des Islam. Sie befindet sich im Innenhof der Großen Moschee in Mekka, Saudi-Arabien. Sie ist das Ziel der großen Pilgerreise, die jeder Muslim einmal in seinem Leben unternehmen sollte. Die Kaaba ist ein schwarz verhüllter ungefähr 13 m hoher rechteckiger Bau. Im Inneren liegt der Schwarze Stein, ein Meteorit, den alle Gläubigen berühren wollen.

Kippa: Die Kippa ist die kreisförmige Kopfbedeckung eines jüdischen Mannes am Hinterkopf. Er trägt sie beim Gebet und an Gebetsorten, wie in der Synagoge oder auf dem Friedhof. Die Kippa ist aus Stoff oder Leder und wird manchmal mit einer Metallklammer im Haar befestigt. Sie signalisiert Gottesfurcht und Bescheidenheit vor Gott.

Konvention: Eine Konvention ist eine Art Regel oder Übereinkunft, auf die sich verschiedene Menschen geeinigt haben. Darin ist das Verhalten zueinander geregelt. Eine wichtige Konvention wird meistens aufgeschrieben und in einem Dokument festgehalten.

Menora: Der siebenarmige Leuchter *Menora* ist ein wichtiges religiöses Symbol des Judentums. Er ist sogar auf dem Wappen Israels zu sehen. Die Menora soll die Erleuchtung symbolisieren. Die Menora hat deshalb sieben Lichter, weil der Arm in der Mitte den Standort des Leuchters darstellt, während die anderen Arme für die vier Himmelsrichtungen sowie für das Oben und Unten stehen. Außerdem steht im jüdischen Denken die Zahl Sieben für die Weisheit Gottes oder für die vollkommene Übereinstimmung mit Gottes Wort.

Blaues Glossar: Begriffe

Mohammed: Mohammed lebte von 570–632. Auf Arabisch nennt man ihn *Muhammad*, was „der Gepriesene" bedeutet. Schon als junger Mann war er als guter Mensch bekannt. Mohammed reiste viel. Dabei begegnete er vielen Menschen, die verschiedene Götter verehrten. Seine Botschaft aber war, dass die Menschen nur an einen Schöpfer glauben sollten. Zwischen den Jahren 610 und 632 gründete er im arabischen Mekka und Medina die islamische Religion. Seine Lehre ist deshalb für die Muslime sehr wichtig. Auch im Koran wird viel über Mohammed und seine Lehren erzählt.

Monotheistisch: Dieser Begriff bezeichnet Religionen, die an *einen einzigen* Gott glauben. Monotheistische Religionen sind zum Beispiel das Judentum, der Islam und das Christentum.

Philosophen: Ein Philosoph („Freund der Weisheit") denkt über Fragen des Lebens nach, versucht, Zusammenhänge zu erkennen und geht der Wahrheit auf den Grund. Er versucht, durch verschiedene logische Fragen die Welt und das Handeln der Menschen zu verstehen und wichtige Erkenntnisse für das Leben zu erlangen.

Pilgerreise/pilgern: Eine religiöse Person „pilgert", wenn sie eine Reise – meistens zu Fuß – zu einem religiösen Ort unternimmt. Eine Pilgerreise nennt man auch *Wallfahrt*.

Platon: Der berühmte griechische Philosoph Platon lebte von 428–348 v. Chr. in Athen. Er war ein Schüler des Philosophen Sokrates. Platon beschäftigte sich mit vielen Themen, wie zum Beispiel Ethik, Politik und Sprachphilosophie. Typisch für Platon war, dass er versuchte, die Wahrheit über etwas herauszufinden, indem er ein Gespräch darüber mit jemand anderem führte. Platon gründete eine berühmte Philosophenschule in Griechenland.

Prophet: Ein Prophet ist ein religiöser Mensch, der Ereignisse voraussieht, die besonders wichtig für seine Religion sind. Die Botschaften über diese Ereignisse empfängt der Prophet von seinem Gott. Der Prophet gibt diese Botschaften dann an die Menschen weiter. Die Botschaft eines Propheten nennt man auch *Prophezeiung, Weissagung* oder *Verheißung*.

Toleranz: Toleranz ist das Respektieren der Meinung, Lebens- und Verhaltensweisen anderer Menschen (solange sie nicht gegen Gesetze verstoßen).

UN oder UNO: UN oder UNO ist die Abkürzung für den englischen Begriff *United Nations Organization*, also die „Organisation der Vereinten Nationen". Zu den Vereinten Nationen gehören etwa 200 Staaten, die sich zur Aufgabe gemacht haben, überall auf der Welt für Frieden und gute Lebensbedingungen zu sorgen. Der Hauptsitz der Vereinten Nationen befindet sich in New York.

Zeit: Zeit ist eine physikalische Größe und lässt sich in verschiedenen Einheiten messen, zum Beispiel in Jahren, Tagen oder Stunden. Mit Begriffen wie *Vergangenheit, Gegenwart* und *Zukunft* kann man beschreiben, dass die Zeit vergeht. Es gibt eine sogenannte *objektive* Zeit, wie zum Beispiel eine Zeitangabe wie „heute um 15 Uhr". Aber es gibt auch eine sogenannte *subjektive* Zeit, die von jedem Menschen unterschiedlich erlebt wird, zum Beispiel, wenn man sehr lange auf etwas warten muss.

Blitzlichtrunde

1. Ein Thema wird genannt, zum Beispiel „Wünsche“.

2. Sagt nacheinander spontan und ohne lange nachzudenken („so schnell wie ein Blitzlicht“), was euch zu diesem Thema einfällt. Das kann ein Wort oder ein Satz sein.

3. Ihr könnt eure Ideen sofort oder nachher aufschreiben. Damit man alle Ideen gleichzeitig sehen kann, könnt ihr sie zum Beispiel an die Tafel oder an die Pinnwand heften.

Weihnachten | Wunschliste | Spiele | Computer

Geburtstag | Weltfrieden

Diese Arbeitstechnik könnt ihr als Partner, in der Gruppe oder mit der ganzen Klasse anwenden.

Vortrag

Vorbereitung:

1. Überlege dir ein Thema für deinen Vortrag. Plane, wie viel Zeit du für die Vorbereitung brauchst. Sammle Informationen zu deinem Thema im Internet, in Zeitschriften und Büchern.

2. Schreibe alles Wichtige zu deinem Thema auf. Ordne die Informationen in einer sinnvollen Reihenfolge.

3. Überlege dir Schwerpunkte oder Oberbegriffe zu dem Thema.

4. Schreibe dir die Oberbegriffe auf Karteikarten. Die wichtigsten Informationen schreibst du dir in Stichworten dazu.

Vortrag:

1. Nenne deinen Zuhörern am Anfang das Thema deines Vortrags und erkläre, zu welchen Schwerpunkten du etwas erzählen wirst.

2. Sprich langsam, laut und deutlich. Erkläre mit eigenen Worten, damit dich alle gut verstehen. Schaue oft zu deinen Zuhörern, wenn du sprichst.

3. Frage deine Zuhörer am Ende, ob sie noch Fragen zum Thema haben. Wenn du sie nicht sofort beantworten kannst, kannst du vielleicht Tipps geben, wo man die Antwort nachlesen kann.

Beispiel für Karteikarten:

Hilfsorganisation UNICEF ①

Aufgaben:
– hilft Kindern in armen Ländern
– setzt sich für Kinderrechte ein
– sammelt Spenden

Hilfsorganisation UNICEF ②

Gründung:
– nach dem 2. Weltkrieg leiden viele Millionen Kinder
– am 11.12.1946 gründen die Vereinten Nationen die UNICEF
– UNICEF hilft zuerst Kindern in Europa, dann überall

Gelbes Glossar: Arbeitstechniken

Rollenspiel/Szenisches Gestalten

1. Lest den Text. Was habt ihr erfahren?

2. Überlegt, wie viele Personen ihr zum Vorspielen braucht. Entscheidet, wer welche Rolle übernimmt.

3. Spielt die Geschichte vor. Ihr könnt den Wortlaut aus dem Text benutzen oder mit eigenen Worten spielen. Versucht, beim Sprechen auch die Gefühle auszudrücken.

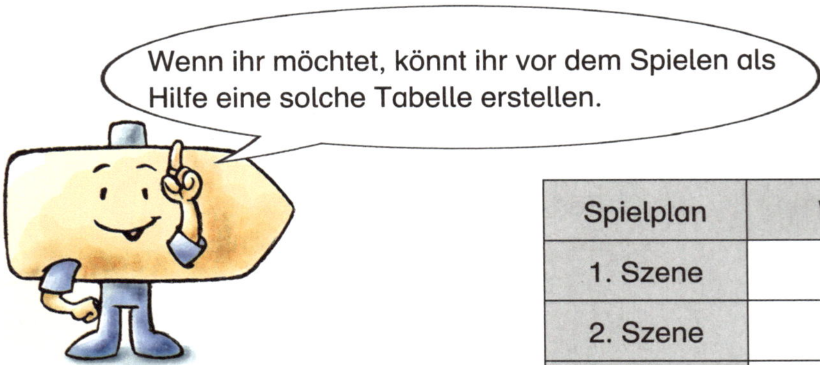

Spielplan	Wo?	Wer?	Was?
1. Szene			
2. Szene			
3. Szene			
4. Szene			

Wortfeldarbeit

1. Ein Thema wird genannt, zum Beispiel „Auto“.

2. Überlege zu dem genannten Thema, welche Wörter den gleichen Wortstamm haben und welche Wörter mit dem Wort zusammengesetzt sind.

3. Überlege weiter, welches Wort eine ähnliche Bedeutung hat.

4. Überlege außerdem, welche weiteren Wörter im Zusammenhang mit dem genannten Wort stehen.

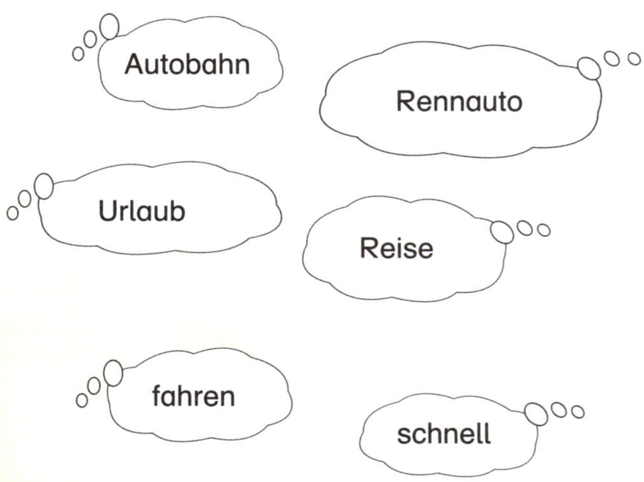